Semillas

Elizabeth Austen

Las **semillas** tienen muchos tamaños.

Las semillas tienen
muchas formas.

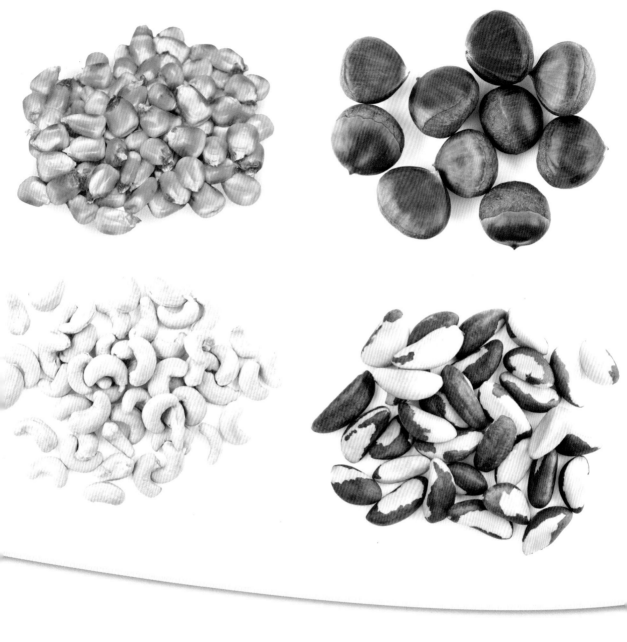

Las semillas tienen
muchos colores.

Las semillas necesitan
agua para crecer.

Las semillas se convierten en nuevas **plantas**.

Luego, las plantas
dan nuevas semillas.

El viento puede
esparcir las semillas.

Los animales también
pueden esparcir las
semillas.

¡Las semillas crecen en casi cualquier parte!

¡Hagamos ciencia!

¿Qué hacen las semillas?
¡Intenta esto!

Qué conseguir

- ❏ 2 bolsas para sándwich
- ❏ cinta de enmascarar
- ❏ semillas
- ❏ toallas de papel

Qué hacer

1 Coloca una toalla de papel húmeda en una bolsa. Coloca una toalla seca en la otra bolsa.

2 Coloca una semilla de frijol en cada bolsa.

3 Pega con cinta las dos bolsas a una ventana soleada. Agrega agua a la bolsa que tiene la toalla húmeda todos los días. No agregues agua a la bolsa seca.

4 Después de dos semanas, revisa las semillas. ¿Qué ocurrió?

Glosario

plantas: seres vivos que usan la luz solar para crecer

semillas: partes de plantas que contienen lo necesario para dar lugar a nuevas plantas

Índice

¡Tu turno!

Consigue una semilla y ábrela. Dibuja lo que ves en el interior de la semilla. ¡Prueba esto con otras semillas!

Asesoras

Sally Creel, Ed.D.
Asesora de currículo

Leann Iacuone, M.A.T., NBCT, ATC
Riverside Unified School District

Jill Tobin
Semifinalista
Maestro del año de California
Burbank Unified School District

Créditos de publicación

Conni Medina, M.A.Ed., *Gerente editorial*
Lee Aucoin, *Directora creativa*
Diana Kenney, M.A.Ed., NBCT, *Editora principal*
Lynette Tanner, *Editora*
Lexa Hoang, *Diseñadora*
Hillary Dunlap, *Editora de fotografía*
Rachelle Cracchiolo, M.S.Ed., *Editora comercial*

Créditos de imágenes: pág.3 Geoffrey Kidd/Alamy;
págs.5, 16–17 iStock; págs.18–19 (ilustraciones)
Rusty Kinnunen; todas las demás imágenes cortesía de
Shutterstock.

Teacher Created Materials
5301 Oceanus Drive
Huntington Beach, CA 92649-1030
http://www.tcmpub.com
ISBN 978-1-4258-4626-8
© 2017 Teacher Created Materials, Inc.